Como Iniciar um Negócio de Transação com 500 $

Traduzido de inglês para português por
Tiago Gomes

Heikin Ashi Trader

Conteudo

1. Como se Transformar num Operador com apenas 500 $ de Investimento?...... 4
2. Como Adquirir Bons Hábitos de Transação?...... 13
3. Como Ser um Operador Disciplinado...... 24
4. O Conto de Fadas do Juro Composto...... 33
5. Como Transacionar uma Conta com 500 $?...... 38
6. Transação Social...... 50
7. Fale com o Seu Corretor...... 58
8. Como se Transformar num Operador Profissional?...... 67
9. Transação para um Fundo de Cobertura... 73
10. Aprenda a Trabalhar em Rede...... 75
11. Transforme-se num Operador Profissional em 7 Passos...... 78
12. 500 $ É Muito Dinheiro...... 80
   Glossário...... 83

Mais livros no Amazon por Heikin Ashi Trader 87

Sobre o Autor 93

Impressão 94

1. Como se Transformar num Operador com apenas 500 $ de Investimento?

A maioria dos novos operadores, quando está a começar, tem uma pequena conta. A soma pode ser diferente, mas praticamente todos estes operadores começam com o desejo de aumentar este pequeno capital rapidamente. Esta necessidade é natural e compreensível, mas o impulso de fazê-lo rapidamente é a semente para o falhanço no futuro. Quer comecem com 500 $ ou 1000 $, a maioria dos iniciantes sente que são apenas um "pequeno peixe no mercado de ações." Eles querem alterar isto o mais rapidamente possível.

Eles acreditam que a única forma de ter uma conta grande é multiplicando a sua pequena conta rapidamente. Por que depois, se a conta for suficientemente grande, eles podem desistir do seu trabalho e fazer vida apenas das transações. Como tal, eles começam a procurar por estratégias de transação que lhes prometem os maiores retornos possíveis. O facto de estas estratégias estarem habitualmente associadas a riscos elevados é ignorado por eles e acabam por mergulhar de cabeça na aventura da transação.

O resultado é que a maioria destas contas de 500 $ não existirem mais após um período de 3 a 6 meses. As estatísticas demonstram que este é o resultado mais provável. Se começar a transacionar com a necessidade de aumentar rapidamente a sua conta irá colocar toda a sua energia e atenção neste objetivo. Isto significa que não irá concentrar a sua energia naquilo que deve fazer primeiro: para ser um bom operador e consequentemente adquirir bons hábitos de transação.

Mesmo se tiver acesso a fundos mais substâncias, ainda assim aconselharia a não transferir esses fundos para uma conta de transação. Você está no inicio da sua carreira de transação e certamente que ainda não tem uma posição para gerir de forma eficaz e responsável este capital.

Primeiro é sensato aprender a transacionar com apenas uma conta pequena. Se só tiver cerca de 500 $ ou inclusive menos para transacionar, vejo-o como uma vantagem ao invés de vê-lo como um contratempo. Eu compreendo o desejo de fazer dinheiro rapidamente demasiado bem, pois eu também tinha esta necessidade quando comecei. Esta necessidade levou-me a concentrar-me em multiplicar este pouco capital rapidamente, ao invés de aprender a arte.

Admitidamente, 500 $ não o levarão longe. Contudo, é importante que aprenda a apreciar inclusive a mais pequena soma e a lidar com ela com responsabilidade. De forma tão responsável como o faria se fossem na realidade 500 000 $. Irresponsável é, claro, o uso desapropriado da alavancagem que a maioria dos corretores, infelizmente, disponibiliza. Com 500 $ pode na realidade transacionar 50 000 $ com muitos corretores forex, mas isso não significa que o deva fazer.

Segundo a minha experiência, a maioria dos iniciantes utiliza um excesso de alavancagem no mercado. Por exemplo, eu transacionei mais de

200 000 $ em capital com apenas 2000 $ na minha conta. Isto significa naturalmente stress e imensa adrenalina. Enquanto alguns indivíduos procuram especificamente estas emoções, isto é uma técnica de transação não profissional.

O resultado é que estes "operadores", ficam presos durante demasiado tempo a posições de perda e esperam que o mercado graciosamente vire, para que eles possam pelo menos próximo do nivelamento. Há um vídeo bem conhecido na internet de um operador que permitiu que a sua posição de perda crescesse até -30 000 $. Ele não conseguia acreditar que o mercado não tivesse seguido a sua análise e tenha ido alegremente contra a sua posição. Esta gravação foi a apoteose de uma abordagem totalmente não profissional. Definitivamente que não se transformará num operador profissional desta forma.

Além do mais, a maioria dos iniciantes tem ideias exageradas sobre como os rendimentos podem ser alcançados no mercado. Definitivamente que consegue fazer 50% por mês, inclusive mais. Contudo, terá de correr riscos (ex. alavancagem excessiva) para alcançar isto.

Eventualmente, esta alavancagem vai funcionar contra si. Isto acontece habitualmente através de uma transação catastrófica, tal como a do vídeo supracitado, que destruiu toda a conta do operador num espaço de poucas horas. Falo aqui da perspetiva segundo a experiência pessoal.

Por favor, esqueça a ideia de transformar 500 $ em 50 000 $, ou inclusive em 5000 $, dentro de um curto período de tempo. Existem muitos métodos mais tranquilos e seguros para aumentar o seu dinheiro. Estes funcionam na perfeição com um investimento inicial de 500 $. Primeiro, reduza as suas expectativas de retorno. Ao invés de 50% por mês, atuaria na presunção de um retorno anual de 20%. Se conseguir fazer isso, então é porque é bom nisto.

Eu sei que provavelmente irei desapontar alguns leitores quando digo que ganhar entre 1 a 2% por mês são performances de topo. Ainda assim, eles são na realidade resultados de topo, especialmente quando alcança esta performance todos os meses, numa base contínua.

Talvez tenha a impressão que consegue ganhar 1000 $ por mês com uma conta de 1000 $. Lamento desapontá-lo aqui, mas tais retornos só são possíveis correndo riscos extremos. A possibilidade de ser bem-sucedido nisto, mês após mês tende para zero. Tire-o da sua cabeça! Não irá funcionar, e se este livro o conseguir livrar desta ilusão, o meu trabalho já está meio-terminado.

Quero enfatizar que há alternativas a estas expetativas exageradas. Estas alternativas são muito mais interessantes e fáceis. Pode concretizar o seu sonho de uma grande conta de transação num dia, mas o caminho para alcançar este objetivo é provavelmente diferente do que imaginaria. Honestamente, desejava ter tido alguém que me dissesse isto no início da minha carreira de transação. Ter-me-ia poupado muitos anos de tentivas fúteis, tentando multiplicar uma mini-conta utilizando as funcionalidades. Claro, você pode recolher experiência desta forma. Contudo, eu posso passar estas experiências.

Quem sou eu? Sou um operador com mais de 15 anos de experiência nos mercados, que testemunhou todas as vicissitudes do negócio de transação. Eu transacionei por um fundo de cobertura na transação forex, assim como para contas geridas. Eu conheço esta indústria e os seus truques, muito bem. Testemunhei repetidamente este pequeno drama de um operador iniciante, conduzindo toda a sua conta de transação contra uma parede e eu próprio fi-lo inúmeras vezes. Eu sei como é e como nos faz sentir.

O problema não é o dinheiro. É fácil ultrapassar a perda de 500 $. Ganhou experiência. Não funcionou, mas não é um grande drama. Também há pessoas que começam com uma conta de 50 000 $, inclusive com uma conta de 500 000 $ e estas contas frequentemente também deixam de existir após 3 ou 6 meses.

Portanto, é óbvio que não é a quantia de capital em jogo. Não interessa se começa com 500 $ ou 50 000 $. Por vezes parece que vai correr fundamentalmente errado neste negócio de transação, independentemente do dinheiro que tiver disponível. Este desejo de aumentar o capital inicial rapidamente parece levar a exatamente o oposto. Isto aplica-se a pelo menos 95% dos iniciantes. Devo confessar, esta é uma das estatísticas mais tristes que conheço.

Imagine se 95% dos aprendizes de padeiro falhem-se na padaria, porque cozinhar pães pequenos é uma profissão demasiado difícil. O facto de este não ser o caso comprova que as pessoas estão a fazer as coisas como devem ser nas padarias. Cozinhar pão é uma profissão que pode aprender, desde que esteja disposto a levantar-se cedo e a seguir as instruções do Mestre Padeiro.

Declaro aqui, que a transação e transação de divisa não são profissões mais difíceis que a de padeiro. Contudo, o pré-requisito é que o novo operador esteja disposto a acordar cedo (embora não tão cedo como o aprendiz de padeiro) e seguir as instruções do "Mestre Padeiro".

No que diz respeito à transação, a primeira coisa a tomar nota são as instruções do Mestre Padeiro. Infelizmente, isto não acontece e essa é provavelmente a principal razão das estatísticas serem um desastre, quando se trata do êxito nas transações. É inclusive pior. Não é apenas o facto de as instruções do Mestre Padeiro não serem seguidas, mas também o "Mestre Padeiro" simplesmente não existe. A maioria dos operadores iniciantes está simplesmente sozinho no seu quarto, defronte do ecrã do computador e vagueiam pelo mercado conforme lhes apetece.

Portanto, este livro refere-se às instruções do "Mestre Padeiro". Depende de si, caro leitor, se decide tomar nota, ou não. Pelo menos, aqui, o "Mestre Padeiro" fez o seu dever.

2. Como Adquirir Bons Hábitos de Transação?

Não interessa se inicia a sua carreira de transação com 500 $ ou 50 000 $. Quero explicar neste livro por que é que isto é assim. A transação é uma profissão e deve ser aprendida como qualquer outra profissão. Primeiro deve aprender o "básico". Enquanto padeiro, a melhor forma de aprender seria cometer todos os erros de iniciante enquanto ainda está a cozinhar pequenos rolos de massa. O mesmo pode-se dizer sobre a transação: é melhor cometer os seus erros de principiante com a menor conta possível.

Eu sei que um grupo inteiro de profissionais de transação se erguerá e lhe dirá que isto não faz sentido. De qualquer das formas, eu recomendo-o. Claro, pode experimentar as suas estratégias numa conta demo (uma conta com dinheiro a fingir). Contudo, não se prolongue durante demasiado tempo nesta etapa. A transação inicia-se apenas quando há dinheiro real envolvido, mesmo se a quantia for pequena.

Quero mostrar-lhe dois caminhos que lhe são disponibilizados enquanto operador. Ambos têm pros e contras (como tudo o demais na vida), mas estes são dois caminhos reais que lhe permitirão, eventualmente, ganhar a vida com as transações. Estes caminhos também estão disponíveis para aqueles operadores que têm uma pequena quantia, 500 $ ou inclusive menos. Mesmo se não conseguir imaginar agora como é que algum dia pode desfrutar de uma grande conta de transação, tenha fé. Você consegue-o.

O primeiro caminho é permanecendo um operador privado. Isto significa que irá construir o seu negócio de transação com o seu próprio dinheiro. Como é que isto é possível e quais as condições que deve cumprir, eu explicarei na primeira parte do livro (capítulo 2-6).

Na segunda parte (7-11), irei sugerir formas segundo as quais se pode transformar num operador profissional. Um profissional é um operador que transaciona com fundos dos clientes e, desta forma, ganha a sua vida. Isto é um diferente caminho do primeiro e requer, até um determinado nível, uma preparação diferente.

Ainda assim, ambos os caminhos requerem uma coisa importante: o seu esforço neste período irá concentrar-se em adquirir bons hábitos de transação, ao invés de se concentrar em multiplicar rapidamente uma pequena conta. Sem bons hábitos de transação, nun ca irá ser um operador lucrativo. Não conseguirá ser nem sequer um operador privado que consegue viver dos seus resultados de transação, nem um profissional que vive das comissões dos seus clientes.

Isto é o trabalho de base da transação. Bons hábitos de transação são como os alicerces dos seus futuros negócios de transação. Toda a sua força e concentração no início devem apontar inicialmente para se transformar num bom operador. Consequentemente, o dinheiro seguir-se-á.

Deve absorver este ponto de vista crucial (e mais profissional) antes de se iniciar nesta profissão. Quando tem perspetivas erradas sobre esta profissão, as suas probabilidades de êxito são baixas, portanto está numa longa e tumultuosa estrada, tal como foi sucedeu comigo.

Eu próprio pensei naturalmente que sabia tudo e que um aprendiz na padaria era supérfluo. Quero mostrar os três mais importantes bons hábitos para um operador com uma pequena experiência. Dessa forma, saberá no que se está a meter quando planeia abraçar esta profissão.

Primeiro, sugiro-lhe que faça 50 transações com pares forex, se não tiver uma conta forez, com índices de ações.

Estas são as especificações:

1. Escolha qualquer par de moeda.

2. Atire uma moeda. Se sair cabeça, então opte por comprar. Se sair coroa, então opte por vender.

3. Insira de imediato uma paragem de limite móvel para 20 pontos a partir do preço de entrada.

4. Se a posição, após 5 minutos, ainda estiver em perda, feche-a e passe para a próxima transação.

5. Se a posição, após 5 minutos, estiver com lucro, não faça nada. Deixe a paragem de limite móvel fazer o seu trabalho.

6. Só deve ter três transações a executar simultaneamente, em três diferentes pares.

7. Repita este processo até ter completado todas as 50 transações.

O leitor mais atento pode reconhecer nesta experiência que os três mais importantes bons hábitos dos operadores estão escondidos. Recomendo que desempenhe esta experiência. Irá ficar surpreso com os resultados que conseguirá alcançar, desde que cumpra estritamente as regras.

Portanto, já chegamos ao hábito número um. Um bom operador cumpre as regras sem exceção. Embora pareça fácil, mais de 95% dos operadores não faz isto.

A experiência pode parecer insignificante para alguns leitores, dado que não prestada nenhuma atenção aos gráficos de análise, isto é, não perdeu nenhum tempo com a entrada de transações. Além disso, o motivo pelo qual a transação foi executada é totalmente ignorado. Além disso, até deixei o destino decidir, através do lançamento da moeda, se optava por comprar ou vender, como se a entrada fosse algo totalmente insignificante.

Há, contudo, diretrizes claras no que diz respeito às regras de saída. Por outras palavras, um operador que desempenhar esta "experiência", vai fazer todos os possíveis para minimizar as perdas. A regra dos 5 minutos desempenha um papel especialmente importante aqui. Uma vez mais, isto é um bom hábito para operadores bem-sucedidos.

Se uma transação não funcionar após um curto período de tempo ou não estiver a dirigir-se na direção correta, não há motivo para ficar na transação. Isto pode parecer rigoroso, e é. Os bons operadores ficam impacientes com as suas perdas e fecham-nas rapidamente, sem hesitação.

Esta é uma regra dourada da profissão de transação, nomeadamente, a preservação do capital é uma obrigatoriedade. Contudo, também irá talvez proteger um capital ainda mais importante: a sua psique de operador.

Com o decorrer do tempo, permanecer em transações perdedoras destrói a sua psique de operador e leva, eventualmente, a algo que é conhecido como "Paralisia da Análise". O operador começa a procurar por entradas desnecessárias "ideias", embora todos saibam que estas não existem.

Ou está na altura certa no local certo na transação, ou não. Se não estiver, então saia da confusão assim que conseguir.

Contudo, a paragem de limite móvel nesta experiência faz algo de diferente. Ela certifica que se mantém o máximo de tempo possível numa posição quando a transação está na direção dos ganhos. Uma vez mais, isto é um bom hábito de transação: manter-se com as suas vencedoras! Se conseguir fazer isso, difere mesmo de 95% dos operadores. Idealmente, a sua transação deve executar-se até sexta-feira de tarde. Contudo, não é provável, porque a paragem de limite móvel será, eventualmente, atingida.

Ainda assim, isto é um exercício importante: Não retire os ganhos demasiado cedo caso esteja com lucro, mas tente extrair o máximo da transação. Isto segue as duas mais importantes declarações da regra dourada da transação: reduzir as suas perdas e deixar que os seus lucros aumentem. 95% dos operadores fazem exatamente o oposto.

Consigo imaginar muito bem que será difícil fechar uma transação que só está ligeiramente em perda após 5 minutos, Faça-o de qualquer das formas. Também sei muito bem qual é a objeção: "Mas a transação pode entrar em território positivo no próximo minuto e depois posso perder um lucro!" Sim, isso pode acontecer repetidamente, isso faz parte da existência de um operador.

A probabilidade muito superior, contudo, é que esta transação simplesmente não seja uma ganhadora, e ao invés continue em perda. É por isso que recomendo que feche esta posição de qualquer das formas e passe para a próxima transação. Quando aprende isto, adquiriu um hábito importante: Independentemente do que acontece, você não tolera mais perdas.

Em relação às entradas, não quero ser mal interpretado. Claro, pode experimentar utilizando gráficos de análise precisos, para selecionar as suas entradas com a maior precisão possível. Contudo, gostaria de aproveitar esta oportunidade para expressar um aviso óbvio segundo a minha experiência: a importância da análise é imensamente superestimada. Na minha perspetiva, os operadores passam demasiado tempo com a análise dos gráficos. Isto não difere muito de tentar prever o futuro.

Por outro lado, eles passam muito pouco tempo com a observação estrita da sua gestão de risco, a qual é habitualmente a raiz dos seus fracassos. Irei, por isso, não promover também a paragem de limite móvel. Este instrumento certamente que tem as suas vantagens, mas também tem desvantagens, das quais estou consciente. Com as paragens de limite móvel, as transações são frequentemente paradas demasiado cedo por movimentos contrários aleatórios, embora a tendência possa permanecer intacta e não houver motivo para sair da transação.

A experiência é para deixar que a paragem de limite móvel decida quando os ganhos devem ser concretizados. Em alguns casos, isto será certamente demasiado cedo. Contudo, esta ferramenta irá permitir-lhe, noutros casos, manter a posição durante um longo período de tempo. Isto também é um bom hábito. Graças a esta experiência, irá aprender o mais importante dos bons hábitos de um operador profissional. Irá aprender a seguir as suas próprias regras, a fechar perdas rapidamente e a permanecer o máximo possível com as suas ganhadoras.

Acredite em mim, não necessita de muito mais. Se adquirir estes hábitos, um dia, irá pertencer aos 5% que são bem-sucedidos nos mercados.

Esta experiência pode ser repetida sempre que quiser. Porque, como todos sabemos, os hábitos são uma das coisas mais difíceis de alterar. Experimente deixar de fumar, se for um fumador. Há operadores que têm arrastado com maus hábitos durante anos, e depois interrogam-se sobre o porquê do sucesso não aparecer. Entre eles também se encontram os designados profissionais. Não pense que todos os "profissionais" mantêm estes bons hábitos, apenas os bem-sucedidos, aspenas os bem-sucedidos o fazem. Com esta base, agora gostaria de lhe mostrar duas formas de se poder transformar num operador disciplinado, mesmo se atualmente tiver uma baixa base de capital.

3. Como Ser um Operador Disciplinado

Assim que tiver ficado claro que os princípios são os mesmos para todos os operadores, quer eles tenham 500 $ ou mais de 500 000 $, gostaria de sugerir formas segundo as quais pode ganhar a vida a partir das transações sem jogar com a sua vida. Conforme já foi mencionado, a maioria dos iniciantes tem uma ideia totalmente errada dos rendimentos que podem ser efetuados na bolsa de valores. Os operadores experientes e disciplinados geram entre 20 a 30% de lucros por ano. Nos anos bons, isto pode chegar chegarl por vezes, aos 40 ou 50%. Isto significa que estes operadores estão a criar um retorno mensal de 2 a 3%.

Estes retornos são alcançados com uma gestão de risco sensata. Os levantamente habitualmente permanecem abaixo dos 15%. Se você transaciona, um dia, uma conta de vários milhares de dólares, irá, espero, ter-se adaptado a esse perfil de risco.

Agora falemos da sua conta de 500 $. Espero que compreenda que não pode ganhar a vida a partir desta soma. Contudo, aquilo que pode muito bem alcançar com isto, tal como os profissionais, é obter um retorno anual de 20 ou 30% com levantamentos que permanecem abaixo dos 15%. Desta forma, prova a si mesmo que consegue transacionar. Isso é o melhor que lhe pode acontecer.

Para uma conta de 500 $, apenas o mercado forex é uma opção realista. Portanto, procure um corretor forex que não cobrará taxas pelas transações. Muitos profissionais foram levados a concluir que é simplesmente, matematicamente, não possível transacionar numa conta de 500 $, porque as taxas por si só comem a conta. Já para não mencionar uma abordagem sensata de gestão de risco.

Como exemplo, quero mencionar uma transação em EUR/USD com um mini lote (10 000 $). Isto foi, até recentemente, a unidade mais pequena possível com a qual poderia transacionar com a maioria dos corretores. Se definir a sua paragem para 50 pontos de distância do preço de entrada, você arrisca 50 pontos ou 50 $. Com 500 $, isto é 10% do capital de transação! Se perder desta forma 5 vezes seguidas, o que não é incomum, já perdeu metade do seu capital. Se você arrisca 10% do seu capital por transação, você não é um operador. Você é um piloto kamikaze.

As críticas a estas mini contas consistiam essencialmente em dois argumentos, primeiro, você só pode transacionar com uma estratégia de cada vez. Portanto, você está totalmente dependente dos resultados desta única estratégia. Não pode diversificar. Segundo, você não pode ter uma gestão de risco sensata, tendo apenas esta pequena soma a seu favor, tal como este exemplo em EUR/USD demonstra claramente.

É uma sorte que alguns corretores tenham isto em consideração, e eles estão a oferecer, atualmente, micro-lotes aos seus clientes. Estes são apenas 1/10 de um mini-lote. Portanto, você está a transacionar apenas 1000 $.

No mesmo exemplo, iria então arriscar apenas 5 $ ou 1% do seu capital. Esta soma é muito mais próxima de uma gestão de risco sensata para operadores privados, embora, pessoalmente, ainda considere demasiado 1% de risco por transação.

Pode não parecer excitante transacionar com 500 $ de forma disciplinada durante talvez 12 meses e consequentemente obter um lucro de 20%, ou mais 100 $ na sua conta. Contudo, isto é exatamente o que deve fazer. Deve aprender a transacionar esta pequenina conta como se fosse uma conta de um milhão de dólares. Para esta finalidade, recomendo que mantenha um diário de transação detalhado que registe exatamente todas as transações. Além disso, é útil efetuar avaliações estatísticas semanais ou mensais.

Como fazer isto exatamente, eu destaquei prolongadamente no meu livro, "Como é que classifico os meus resultados de transação?" Pode encontrar o livro na Amazon. A tarefa, portanto, é desempenhar uma estratégia disciplinada no mercado que selecionou durante pelo menos um ano. Tenha em consideração que disse uma estratégia e não sete.

Muitos iniciantes começam com uma estratégia. Se depois aparecerem as primeiras perdas eles ficam desapontados, ignoram a estratégia e procuram por algo novo. Então o ciclo começa novamente do início. Este comportamento não pertence definitivamente aos hábitos de um bom operador!

Portanto, deve permanecer consistente com a estratégia que escolheu, independentemente do que acontecer. O motivo é simples. Se nunca transacionou com uma estratégia durante um ano, nunca irá aprender esta estratégia de forma profunda. Cada estratégia tem uma fase de perda. Não interessa a que escolheu, desde que seja rentável.

Isto por si só irá discipliná-lo imensamente. Se você substituir repetidamente a sua estratégia, nunca aprenderá a conhecer-se enquanto operador. Esse é o ponto, portanto permaneça com a escolha que outrora fez. Além disso, deve manter um diário de transação detalhado. Com isto, quero dizer uma cobertura total das suas transações. Esse diário deve conter pelo menos os seguintes dados:

- Data da Entrada: ex. a data quando abriu a posição

- Nome do par forex

- Preço de entrada: o preço a que comprou (compra) ou vendeu (venda)

- Paragem de Perda: o risco que correu nesta transação

- Recolha do Lucro: o alvo que queria alcançar com a sua transação

- Tamanho da Posição: quantos micro-lotes comprou

- Data de saída: ex. a data quando fechou a posição

- L/P (Lucro/Perda) em pontos: quantos pontos ganhou

Ainda pode adicionar outros dados, mas estes são definitivamente os mais importantes.

Por que é que deve fazer isto? Se recolhe consistentemente estes dados de todas as suas transações, obtém uma vasta informação sobre a sua transação, a qual vale mais que todos os livros de transação em conjunto. Pode descobrir que é melhor na venda que na compra. Se assim for, não seria razoável especializar-se exclusivamente na venda? Você sabe alguns operadores são 100% vendedores, que nunca compram? Eles fazem isto porque reconhecem, tendo como base os seus dados, que vender é o melhor para eles. Eu, por exemplo, sou um bom vendedor e um mau comprador. Pode reparar que a maioria das suas perdas são num par forex em particular. Eu próprio sou mau no GBP/USD. É por isso que evito este par a maioria das vezes.

Para isso, eu sou bom no franco suíço e bom no USD/CAD. Eu só sei isso graças ao meu diário de transação. Não considera isto como informação valiosa?

No final da semana (ou mês), deve avaliar os seus dados de transação. Isto, também, demonstrei em detalhe no meu livro "Escalpar é Divertido! Parte 3: Como classifico os meus resultados de transação?".

Eis os dados chave para as suas estatísticas:

- Número de transações por semana / mês / trimestre

- Número de ganhadoras

- Número de perdas

- Número de transações empatadas

- Ganho médio

- Perda média

- Taxa de acerto (o seu número de ganhadoras em percentagem)

- Rácio de Pagamento (rentável ou não e quão rentável?)

- Expetativa (expetativa do seu sistema)

A informação estatística que pode ser encontrada no seu diário de transação é talvez ainda mais valiosa que os próprios dados de transação. Eles demonstram o quão robusto o seu sistema é. Além disso, essa avaliação também demonstra em que erros deve eventualmente virar para fazer com que o seu sistema seja mais rentável. Talvez as suas perdas sejam um pouco demasiado elevadas e deva parar a perda mais perto ou mais distante.

Talvez queira sempre ganhar (a taxa de sucesso), e não preste atenção à altura dos lucros. O operador cuja carreira descrevo em detalhe no meu livro Gestão de Dinheiro tinha este problema. Ao manter consistentemente o diário de transação também faz parte dos bons hábitos de transação. Faça-o desde o início da sua carreira, mesmo se só tiver uma conta de 500 $.

4. O Conto de Fadas do Juro Composto

Antes de darmos o próximo passo, temos de lidar com algo que assombra muitos fóruns de Internet: nomeadamente, a história do juro composto, também designado "a maior força na terra." É quase demasiado bom para ser verdade e muitos operadores acreditam realmente que é possível que a sua pequena conta cresça para se transformar numa conta grande dentro de um curto período de tempo graças ao efeito do juro composto.

O efeito do juro composto é algo deste género: digamos, para simplificar, que tem um capital de transação de 1000 $. O seu (não imodesto) objetivo é ganhar 10 pontos por dia no mercado de divisas, em média.

A declaração diz o seguinte: No dia 1, você faz 10 pontos e portanto tem 1010 $ na conta. No segundo dia, você ganha novamente 10 pontos. Agora, tem 1020 $. Após 20 dias, já tem orgulho de ter 1220 $ na conta. Isto é, afinal de contas, 22% no seu primeiro mês!

Eventualmente irá necessitar de 70 dias para duplicar a sua conta. Então, terá 2000 $ na conta, desde que tenha ganho 10 pontos por dia em média e não levante nada da sua conta.

Dado que o capital está a "crescer" todos os meses pode, claro, arriscar "um pouco" mais todos os meses. Você aumenta o tamanho da sua posição com o aumento do saldo. No primeiro mês, ainda está a transacionar com um mini-lote (10 000 $). Dado que após um mês tem 1200 $ na conta, você aumenta a sua posição para 12 0000 $. Após dois meses, você está a transacionar com 17 000 $ e por aí adiante.

Talvez ainda não esteja impressionado com estes números. A ideia é que se você fizer isso durante os meses seguintes de forma consistente, irá eventualmente experienciar o poder do juro composto. Se estiver a transacionar de forma disciplinada, a sua conta de transação ficará, após 12 meses, nos 24 000 $. Se o fizer novamente no segundo ano, pode ver do seu lado 500 000 $.

Depois "apenas" tem de transacionar durante tês meses até ser um milionário. Observe, com 10 pontos por dia! Conveniente, não é? Pode fazer a matemática numa hora mais tranquila, mas é verdade. Pode ser um milionário forex com "apenas" 10 pontos por dia num espaço de 3 anos.

Sei que muitos iniciantes ficam impressionados com esta história do juro composto quando ouvem esta ideia pela primeira vez. Não é necessário ser um génio matemático para compreender este simples cálculo. É uma esperança secreta de muitos iniciantes nas transações conseguirem alcançar esta obra de arte graças às suas habilidades de transação. Se tiver êxito, ligue-me, provavelmente será o primeiro no mundo.

Por que é que praticamente ninguém coloca isto em prática? Teoricamente, o cálculo está correto e certamente não quero insinuar que o efeito do juro composto não funciona. Ele funciona na perfeição, em príncipio, todos os operadores transacionam com algum tipo de efeito de juro composto.

Provavelmente adivinhou qual é o problema. Neste cálculo, há alguns "desconhecidos", os quais não foram tidos em consideração. Estes desconhecidos têm, claro, o que é necessário. Tem imenso a ver com bons ou maus hábitos de transação, dos quais já falamos.

Se inicialmente trabalhou no duro nos seus bons hábitos de transação, certamente que existe a oportunidade de experienciar alguma forma do efeito do juro composto. Contudo, diga adeus à ilusão de poder transacionar e fazer uma média de 10 pontos por dia, ou, se quiser, 50 pontos por semana, por mais desejável que isto seja.

A realidade é mais assim: Em algumas semanas fará, talvez, 36 ou 128 pontos. Contudo, pode ocorrer que na semana seguinte tenha uma perda de 92 pontos. Além disso, na semana seguinte pode não transacionar, porque tem de ficar na cama com uma gripe.

Irá experienciar dias ou semanas boas, onde alcançará bons resultados e irá viver semanas fracas e inclusivamente más.

O progresso?

Um operador que esteja a trabalhar nas suas fraquezas (e nas suas forças) irá certamente efetuar progressos. Ainda assim, estes não aparecerem de imediato. Por vezes, tem o sentimento que não acontece nada durante muito tempo e depois, subitamente, há um avanço e está a transacionar muito melhor que antes. Muitos operadores necessitam experienciar a destruição da sua primeira, e frequentemente da sua segunda, conta de 500 dólares. Não é necessário ter vergonha disso. Várias vezes, eu próprio levei pequenas contas a 0 $. Isto foi, claro, devido à falta de disciplina.

Após tal colapso, é frequentemente bom fazer uma pesa e pensar sobre a sua estratégia de transação. Não irá acreditar o quão melhor consegue transacionar após uma pausa!

Com o aumento da confiança, você pode ser bem-sucedido no aumento significativo de uma pequena conta. Você deve experienciar pelo menos uma duplicação antes de transferir o dinheiro adicional para a conta de transação. Lembre-se sobre o que falamos na primeira parte nos bons hábitos de transação.

5. Como Transacionar uma Conta com 500 $?

Irá começar a transacionar esta pequena conta com um cuidado extremo. Claro, depende da sua estratégia, se você arrisca 50, 20 ou 10 pontos por transação. O exercício consiste principalmente em preservar o capital. Se o fizer, então já deu o primeiro passo importante para o êxito. Claro, a sua conta crescerá muito mais lentamente desta forma. Contudo, não se esqueça: o seu objetivo não deve ser aumentar os seus 500 $ assim que possível.

Por agora, você deve usar esta soma para aprender a transacionar. Isto significa, em primeiro lugar, alcançar um retorno regular com um risco que dê para ser gerido. Os retornos de 2 a 3% por mês nesta situação já são fantásticos, especialmente quando o risco (diminuição do capital) permanece abaixo dos 10%. Descubra mais no capítulo sobre transação profissional.

A ideia de fazer crescer uma mini conta de 500 $ através do juro composto para 1 000 000 $ ou inclusive 100 000 $ é uma ideia totalmente louca. É pouco provável que seja bem-sucedido e este objetivo irá subrecarregá-lo incomensuravelmente. Irá novamente adotar riscos demasiado grandes para alcançar isto. Consegue ver o padrão?

Primeiro, trata-se de aprender o seu ofício. Se possível, tente não pensar em demasia no dinheiro. Conforme disse, 2 a 3% por mês já é bom. Considere isto: 2% numa conta de 500 $ são 10 $. Sejamos honestos. Trabalhar de forma disciplinada durante um mês inteiro por 10 $? Isto não o fará avançar financeiramente. Espero que compreenda o absurdo por detrás desta ideia. Diga simplesmente adeus a esta ideia de ganhar dinheiro a partir de tão pouco capital.

Então, não é totalmente inútil transacionar com uma conta de 500$?

Não, não é. Aprenda o seu ofício com esta pequena quantia. Se conseguir multiplicar est conta durante algum tempo sem adotar grandes riscos, comprovou que consegue transacionar. Transacionar é uma arte e uma profissão que necessita de tempo para aprender. Meio ano é pouco tempo. Como regra, a curva de aprendizagem da maioria dos operadores, que conheço, levará muito mais tempo.

Uma consideração é portanto a acima descrita: não tente simplesmente fazer dinheiro com uma conta de 500 $. Este período experimental só serve portanto para aprender o ofício.

Há uma segunda abordagem que também faz sentido. Alguns operadores com uma conta pequena têm o objetivo de ganhar uma média de 10 $ por dia. Isto é um objetivo atingível, não é?

Pode dizer, "10 $ por dia? Está a brincar? Isso é uma brincadeira de criança!" Talvez. Contudo, consegue ganhar estes 10 $ sem arriscar mais de 10 $, e todos os dias? É um alvo monetário, não necessariamente 10 pontos. Portanto, não comece por dizer, "Tenho de ganhar 200 $ por dia, para que possa chegar aos 4000 $ na minha conta de transação no espaço de um mês."

Na maioria dos casos revela-se que 4000 $ é a soma exata que as pessoas necessitam por mês para pagarem as suas contas. Por outras palavras, eles necessitam deste dinheiro. Portanto, eles têm de ser bem-sucedidos para alcanlarem este objetivo. Consegue ver isto? Eles fazem algo, não pelo prazer ou porque querem aprender algo. Eles fazem-no porque têm de o fazer. Além disso, se não forem bem-sucedidos, isso traz-lhes sérios problemas.

Com isto, eles colocam-se sob pressão desnecessária. As consequências são frequentemente a a sobretransação, tomar demasiados riscos, ou transacionar com uma alavancagem demasiado elevada. Acho que já suspeita sobre o que irá acontecer a seguir. Alguém que está sob pressão irá cair eventualmente. Isso é exatamente o que acontece quando ouve falar de perdas espetaculares na bolsa de valores. Eu próprio caí várias vezes nesta armadilha e posso dizer-lhe, esses foram os meus dias mais gloriosos.

Os operadores, por outro lado, que querem transacionar apenas 10 $ em média por dia, definiram provavelmente para eles mesmos um objetivo atingível. Eles também não estão sob pressão para ganharem o seu sustento a partir deles. 10 $ por dia num índice de ação ou num par Forex é algo praticável. Este operador alcançará regularmente o seu objetivo. Assim, eles condicionam-se para o sucesso. O sucesso é depois algo que os faz sentir bem e não são necessários esforços extraordinários.

10 $ por dia como objetivo diário é, em 20 dias de transação, 200 $ por mês. Isso pode parecer uma quantia pouco significativa, mas você sabe quanto dinheiro (com a taxa de juro mais baixa de hoje) tem de ter na sua conta bancária para receber o retorno de juros de 200 $? Peguemos numa simples conta de mercado de dinheiro com uma maturidade de 3 meses. Você irá necessitar de cerca de 1 milhão de dólares!

Portanto, se conseguir "ganhar" 10 $ no mercado bolsista diariamente, isto seria como se tivesse 1 milhão na sua conta. Consegue ver que este objetivo não é tão modesto assim.

Acredite que um operador que consiga apresentar este "sucesso" encontrará, após algum tempo, formas e meios de transacionar somas maiores com a mesma facilidade. Ele ou ela consegui-lo-á.

Óbivo, com uns 200 $ adicionais por mês não irá alterar significativamente a sua situação financeira. Contudo, é vital fazer lucros. Não iria acreditar o quão bem se pode sentir enquanto operador se tiver completado um mês positivo. Você tem o sentimento que alcançou algo, sendo esse o caso. Isto é importante de enfatizar, porque as pessoas que não se encontram ativas no mercado bolsista, 200 $ é claro uma soma ridícula. Eles não se levantariam de manhã por isso. Para si, é a prova que completou a sua aprendizagem na padaria da transação com êxito. Você adquiriu bons hábitos de transação e que é precisamente o que interessa.

Há outro motivo que me motiva a não ser um grande fã de um estrito efeito composto: recompense-se de vez em quando. Os operadores astutos fazem isto. Se tiver, por exemplo, transacionado de forma disciplinada e tiver efetuado um lucro agradável por semana, retir uma parte desse ganho da sua conta e faça algo ótimo com ele. Talvez uma noite no cimena com a sua amada? O importante é que isso faça com que se sinta recompensado. Isso dá um sinal ao seu subsconsciente, "Bem feito! Continua neste caminho" Vale a pena.

Ninguém deixa todo o dinheiro disponível na conta de corretagem dos 500 $ até ao 1 milhão. Isso não é necessário e é uma ideia totalmente louca. O efeito do juro composto ocorre, numa determinada altura, mas frequentemente diferente daquilo que esperaria. Todos os operadores são diferentes e a partir daí é capitalizado de forma diferente e tem diferentes recursos (não apenas dinheiro, mas também tempo). Por vezes terá o sentimento que pode ser mais rápido, mas também pode viver períodos em que a sua estratégia não está a funciona tão bem.

Muitos operadores querem simplesmente tirar alguns meses de pausa após uma série de derrotas. Alguns só regressam após um ano com ideias frescas. Eles provavelmente frequentaram alguns seminários ou leram simplesmente um bom livro que lhes dará uma perspetiva totalmente nova sobre a bolsa de valores. Assim sendo, eles começam com um vigor renovado.

Portanto, como vê: a curva de aprendizagem não é tão suave como poderia pensar. Há fraturas, quebras e interrupções. O êxito em si também não é linear. Há alturas em que fica com o sentimento que nunca o irá aprender e de repente há subitamente um avanço. Uma pequena alteração nos seus hátivos de transação ou uma dica de um profissional experiente podem provocar isto. Isto vem em ondas, e as ondas voltam para trás ocasionalmente. Se então conseguir gerar retornos regulares, apenas então deve pensar em transacionar somas maiores. A partir daí, há duas possibilidades.

Você pode decidir transformar-se num operador profissional e transacionar com dinheiro do cliente. Como fazer isto, irei dizer-lhe no Capítulo 8. Alternativamente, você pode decidir permanecer um privado, transacionando talvez apenas em part-time e ainda trabalhando no seu emprego normal. Seja o que for que decidir, tente operar as suas transações como um negócio.

Mesmo se o seu negócio ainda render pouco dinheiro e você estiver a transacionar com uma quantia muito pequena, tente transacionar como se tivesse um capital de 1 milhão de dólares. Esta profissão depende imenso da atitude interior. Quanto mais sério for a executar isto, mais cedo a porta se abrirá para lhe oferecer uma oportunidade de concretizar os seus sonhos.

Se levou a sério o caminho para se transformar num bom operador primeiro, você irá ver que acontecerão coisas que não considerava serem possíveis agora. Podem haver pessoas a dirigirem-se a si, oferecendo-lhe dinheiro para transacionar. Se deve ou não aceitar este dinheiro, isso já é outra questão. Você só deve decidir após pensar cuidadosamente. Tem muito a ver com a seriedade da qual falei anteriormente. Enquanto não for um operador disciplinado que conhece o ofício, sob nenhuma cirscunstância deve gerir o dinheiro de outras pessoas. Espero que isto fale por si só.

Até pode ocorrer que um fundo de cobertura lhe ligou. Isso aconteceu-me uma vez. Esse fundo estava com dificuldades e procurava com urgência por um operador que conseguisse gerar pelo menos um pequeno retorno positivo para os seus clientes. Nada mais funcionava. Eu comecei a transacionar e passado pouco tempo obtive ganhos para o fundo. Ainda assim, a gerência, aparentemente, parecia não ter aprendido a sua lição. Todos os problemas tinham surgido porque os sistemas de transação automáticos, os quais o Fundo tinha utilizado inicialmente, apenas queimavam dinheiro.

Portanto, eu entrei de manhã e comecei a transacionar a conta com êxito, mas a gerência estava aparentemente tão convencida dos seus sistemas automatizados de transação que os executaram novamente durante a noite. O resultado foi que os ganhos que tinha efetuado durante o dia foram destruídos durante a noite por robôs. Consegue imaginar uma situação mais absurda? Acredite em mim: mesmo com os designados profissionais, por vezes as coisas correm mesmo mal. Os talentos são sempre muito procurados. Agora você compreende o porquê de dever aprender primeiro a transacionar de forma disciplinada? Estas pessoas também sabem que você não tem 5 milhões de dólares disponíveis para transacionar. Se este fosse o caso, provavelmente não estaria interessado no trabalho.

Pode acontecer, claro, que subitamente ganhe dinheiro ou inclusive ainda tenha algum dinheiro guardado que não utilizou anteriormente para a sua transação. Quando estiver pronto e tiver o sentimento que consegue lidar de forma responsável com essa quantia, você pode ousar.

Contudo, faça-me um favor: não coloque toda a soma na sua conta de transação. Provavelmente irá fazê-lo de qualquer das formas, mas pelo menos disse-o.

Este é o caso mais comum. A maioria dos operadores que conheço transacionam com o seu próprio dinheiro e isso é bom. Gerir o dinheiro de outras pessoas aumenta consideravelmente o stress. Consegue lidar com isto e alcançar um bom desempenho de qualquer das formas?

Talvez tenha herdado uma soma de dinheiro um dia. Isto, claro, também é possível. Deve aceitar dinheiro de familiares? Francamente, aconselhá-lo-ia a não fazê-lo. Se alguém lhe der dinheiro e disser, "não me preocupo se o queimares ou o aumentares", então você pode pensar se deve, ou não, aceitar este dinheiro. Segundo a minha experiência, a maioria dos familiares não diz esta frase. A maioria procura por um olho crítico na sua "nova atividade" enquanto operador, ou dá-lhe o dinheiro com expetativas. Eu teria cuidado, porque ninguém sabe se você conseguirá ir de encontro a estas expetativas.

6. Transação Social

Uma boa alternativa para operadores com pouco capital é a Transação Social. Eu experienciei isto eu próprio e só posso recomendá-lo para um operador muito ambicioso. Alguns destes sites funcionam agora de forma muito profissional, e muito mais transparentes que qualquer fundo de investimento ou gestão de ativos. Aqui, nos anos recentes, surgiu uma pequena revolução na área da gestão de dinheiro e espero que esta "democratização" da gestão de ativos possa continuar a desenvolver-se, para que muitas pessoas deste planeta possam beneficiar dele.

É precisamente aqui que os bons hábitos e a transação disciplinada são mais procuradas. Todas as suas transações e a sua avaliação estatística são totalmente transparentes e de custos abertos para toda a gente. Consegue imaginar isto: você transacionar e todo o mundo está a ver? Ainda sssim, isto está a acontecer na Transação Social.

As plataformas de transação social não passam de websites que juntam operadores e potenciais investidores. Os investidores têm o dinheiro e os operadores têm (esperançosamente) a capacidade de multiplicar este dinheiro. Há, claro, classificações e o investidor pode escolher os seus operadores. Ele seleciona talvez segundo o seu estilo de transação. Melhor, ele escolhe devido ao disciplinado comportamento de transação, como o operador obtém o lucro e o baixo nível de risco. Pelo menos, os investidores inteligentes fazem isto.

Além disso, os gestores de ativos profissionais olham agora para a Transação Social e consideram se irão investir uma porção dos depósitos dos seus clientes aqui. Não é isso incrível? Definitivamente que é uma oportunidade fantástica para um operador ambicioso! Agora, compreende por que é que deve aprender primeiro a transacionar de forma responsável e disciplinada com a sua conta de 500 $? Se conseguir fazer isto, pode começar com uma consciência limpa numa das plataformas de Transação Social.

Isto irá fornecer-lhe uma conta com "dinheiro fictício", com a qual pode transacionar. Se os seus resultados forem bons e você tiver construído um bom registo (após alguns meses), pode em breve obter os seus primeiros clientes e portanto ganhar dinheiro. Os modelos de ganhos diferem, portanto dê-lhe uma vista de olhos com atenção, porque isto irá finalmente determinar quanto dinheiro pode ganhar com a sua transação.

Agora, queremos olhar para o modelo de compensação de uma plataforma de transação social mais em detalhe. Isto habitualmente funciona com um ou mais corretores. Estes corretores são mais provavelmente designados de Corretor de Introdução. Isto é, este corretor liga-se entre os seus clientes e o designado corretor primário. Um corretor primário é o local onde a liquidação de transações de valores mobiliários realmente decorrem. Estas são geralmente instituições bem conhecidas, tais como a JP Morgan, Credit Suisse, Deutsche Bank, etc.

Portanto, a maioria dos corretores de introdução no negócio de retalho tem uma ligação com um corretor primário. Esses não estão interessados em contas pequenas. O Corretor de Introdução desempenha a sua tarefa. Estas casas são familiares para a maioria dos investidores de retalho. Agora, olhemos para toda a cadeia alimentar de uma plataforma de Transação Social:

1. Corretor Primário

2. Corretor de Introdução

3. Gestão de Investimento

4. Plataforma de Transação Social

5. O Operador

   Como vê, muitas pessoas comem deste bolo se o operador desempenhar uma transação. Esse também é o motivo dos spreads na Transação Social serem geralmente maiores do que se abrisse simplesmente uma conta com um Corretor de Introdução. Espere 2 a 3 pontos de spread no EUR/USD, assim duas ou inclusive três vezes mais que o habitual. Esse também é o motivo do puro escalpamento na Transação Social não funcionar. As condições simplesmente não existem para fazer isto. Demasiadas pessoas ganham com o spread.

Contudo, se você desenvolveu uma transação diurna – ou uma estratégia de transação baloiço que gera um bom retorno, você irá ganhar dinheiro com este modelo. Dependendo do modelo, você será principalmente pago por lote padrão gerado. Enquanto iniciante, você pode obter inicialmente 1 $, assim que você gerar um volume de transação de um lote padrão (100 000 $). Isto pode não parecer muito, mas se o fizer 20 vezes por dia, isto pode transformar-se num rendimento decente.

Se, através da boa transação, conseguir chegar a níveis mais elevados, você pode ganhar até 5 $ por lote. Quando chega aqui, em geral, você estará a tirar bons lucros das suas transações. Isto, claro, apenas será bem-sucedido se conseguir realmente oferecer um valor adicional (um bom retorno) aos seus clientes e se você não fizer transações sem sentido para gerar o máximo possível em comissões.

Portanto, converse com a gerência da Plataforma de Transação Social. Eles poderão ajudar devido à sua experiência sobre como pode equilibrar o melhor número de transações com o melhor potencial de ganhos para si. As comissões são portanto uma excelente forma de ganhar a sua vida enquanto operador. Se ainda estiver no final de uma participação lucrativa, melhor. Contudo, deve primeiro conseguir pagar as suas contas e fazer face às suas despesas. Isto é especialmente verdade quando as coisas não estão a correr bem com a sua transação, ou se você se envolver num abaixamento (um período no qual perde mais do que ganha).

Se só transaciona o seu próprio dinheiro, não irá ganhar nada durante este período, o qual pode levar a algum stress. Contudo, se estiver ligado a uma plataforma de transação social, ainda conseguirá ganhar mais nas transações que desempenha. Se tem clientes anteriores satisfeitos, eles não irão fugir de imediato se as coisas não funcionarem tão bem durante algum tempo, se o abaixamento for mantido dentro de limites razoáveis. Portanto, se você se transformar num Operador social "primeiro", você pode concentrar-se no seu trabalho enquanto operador e não necessita tratar dos clientes. Isso irá mudar, caso um dia decida transacionar para um gestor de ativos profissional.

Alguns Operadores Sociais ganham somas de cinco dígitos por mês. Para eles, o sonho de uma carreira de transação bem-sucedida já foi realizado. O pré-requisito é, como sempre, um retorno positivo com riscos gerenciáveis (previsíveis). Cada plataforma aqui oferece as ferramentas necessárias para calcular a sua gestão de risco. Portanto, pode determinar o seu perfil de risco antes de começar a construir um registo em seu nome. Recomendo vivamente que pense sobre isso durante algum tempo.

Os operadores que geram 20 a 30% anualmente com um abaixamento máximo de 10 a 15% podem ter mais possibilidades que os operadores que alcançam um retorno de 70%, mas assumem riscos de 45%. O motivo é simples: habitualmente os pequenos investidores sentem-se atraídos por retornos maiores. O investidor de retalho pensa em retornos elevados = apreciação rápida do capital. Se pegar na maior parte dos mais pequenos, posso-lhe assegurar que os seus "clientes" se vão embora mais rapidamente do que pensa se experienciar uma série de perdas.

Em contraste, o profissional olha sempre apenas para o risco. A sua preocupação é, "Quanta perda posso esperar num máximo quando confio confio ao meu cliente fundos para este operador? Lógico ou não?" A consequência é que o operador com a gestão de risco restrita receberá as contas maiores. As contas maiores significam mais capital para transacionar. Mais capital significa uma cota maior das comissões para si enquanto operador.

7. Fale com o Seu Corretor

Se você, por algum motivo, não gostar da Transação Social, claro que há inúmeras outras formas de chegar aos fundos de clientes. Uma das formas mais diretas é falar com o seu corretor. Esta pessoa ou grupo de pessoas tem contactos com muitas pessoas com dinheiro. O trabalho de um corretor é encontrar estas pessoas. Se você quiser gerir o dinheiro dos clientes com o seu sistema ou estratégia de transação, deve considerar ter uma conversa com o seu corretor.

Mesmo que o seu corretor só se dedique a clientes de retalho (clientes privados), pode valer a pena falar com ele. Você nunca sabe quem ele conhece. Se é um cliente ativo com o seu corretor, ele terá sempre uma porta aberta para o que tiver a dizer. É melhor marcar um compromisso com ele. Melhor ainda, convide-o para jantar. Irá ficar surpreso com aquilo que as pessoas lhe confiam para fazer se você lhes fizer um favor.

Há outro motivo para falar com o seu corretor antes de começar a transacionar. Se planeia, um dia, transacionar fundos dos clientes, também deve poder demonstrar que o consegue fazer. Isso significa que tem de apresentar um registo que seja, de alguma forma, autenticado. Isto designa-se pela "construção de credibilidade". Sem credibilidade, pode ser difícil ser, alguma vez, admitido para uma entrevista.

Uma certificação pode, claro, ser efetuada de diferentes formas. Pode ir a um notário ou pode inclusive permitir uma auditoria por uma firma de contabilidade de renome, como a KPMG ou Deloitte. Contudo, duvido que consiga fazer isto com a sua conta de 500 $. Já para não mencionar as taxas horrendas cobradas por essa auditoria.

É muito mais fácil pedir ao seu corretor, o qual, de qualquer das formas, tem registado as suas transações, para, de alguma forma, autenticar os seus resultados. Esta certificação não é uma prova concreta, tal como a de um notário ou auditor, mas pelo menos tem algo na sua mão que pode ser revisto por um terceiro. Agora pode abordar em segurança uma gestão de ativos com este documento, embora possam ser necessários futuros testes para avaliá-lo.

Outra possibilidade de alcançar uma autenticação é registando as suas transações através da plataforma myfxbook.com. Est plataforma é agora muito bem conhecida e muitos operadores construíram um registo notável de sucessos. Não subestime um excelente registo numa plataforma de transação social. Isto pode muito bem ser considerado como um comprovativo que você consegue transacionar. A transacção social é uma ótima forma dos operadores se destinguirem.

Muitos corretores têm, eles próprios, gestão de ativos nos seus quadros. Faz parte do seu negócio, mesmo que apenas numa pequena parte. Irá encontrar isto principalmente sob o termo "contas geridas". Além disso, irá ficar surpreso com o quão medíocres estes profissionais gestores de ativos frequentemente são. Portanto, não se deixe intimidar pelas palavras "profissional" ou "gestão de ativos". Por detrás destas palavras também irá, frequentemente, encontrar um operador que tem os mesmos problemas e dificuldades que você. Frequentemente, alguns corretores até deixam que as suas contas geridas simplesmente se prolonguem, mesmo embora eles saibam que não são muito boas.

Porquê, pode perguntar? Desde que haja um cliente a participar neste programa, este "gestor de ativos" irá incorrer em taxas ou comissões. Devido a isto, o corretor ganha sempre dinheiro, independentemente do êxito que tem na gestão da sua "gestão de ativos".

Quem sabe, talvez seja a pessoa que vai trazer nova vida para este ramo do seu corretor. Se lhe oferecer uma estratégia interessante, a qual seja diferenta das conhecidas, o seu corretor irá certamente analisá-la. Isso também não é difícil. Afinal de contas, você é um dos seus clientes. Ele tem uma perspetiva completa sobre o seu histórico de transação. Ele sabe exatamente se o que você faz é bom ou não. Tenha em consideração que aqui os modelos de remuneração também podem ser diferentes. Tal como na Transação Social, o corretor irá provavelmente oferecer-lhe uma cota das comissões ou o spread.

A percentagem que irá receber enquanto operador depende das suas habilidades de negociação. Tudo é possível aqui, até 50%. Contudo, por favor lembre-se que é você que está a fazer o trabalho e a criar o valor adicional. Não se venda demasiado barato.

Se o seu corretor não oferecer contas geridas, não deve parar de procurar por uma. Uma simples pesquisa no Google fá-lo-á. Insira o termo "contas geridas" e pode escolher vários gestores de ativos da lista que aparece. Alguns deles serão outros corretores sobre os quais pode não ter nenhum conhecimento. Outros podem ser puros gestores de ativos sem corretagem. Estas casas (e os seus websites) podem parecer muito secretos e discretos. Isso não deve impedi-lo de lhes ligar e perguntar sobre as condições para os operadores. A pior coisa que lhe pode acontecer é dizerem-lhe educadamente que não necessitam desse serviço de momento.

Contudo, não deve ter a expetativa de que vai ser acolhido de braços abertos. Estes trabalhos têm uma procura elevada e há imensa competição. Uma vez mais, aplicam-se as mesmas regras de outros postos de trabalho. Apenas os operadores disciplinados com bons hábitos têm a possibilidade aqui de entrar em ação. Se houver um "comprovativo social" das suas habilidades na Transação Social, você pode assumir que os profissionais o filtram numa empresa de gestão de ativos. Aqui encontrar-se-á a prova de como você consegue, ou não, adquirir bons hábitos no início com a sua conta de 500 $ e se você dominou o seu ofício. Embora isto já seja excelente e com isto se destaque de 95% de todos os operadores no mercado, habitualmente não é o suficiente atuar como um operador numa gestão de ativos.

A gestão de ativos não tem apenas um operador que gere fundos do cliente, mas habitualmente vários. Nos últimos anos, claro, mais sistemas de transação automatizados que não necessitam pagar a renda nem o seguro de saúde assumiram os seus trabalhor. Se um gestor de ativos tiver de escolher entre um sistema de transação excelente e um operador medíocres, a escolha é pouco provável que seja difícil.

Em bom português, isto significa que tem de oferecer algo especial à casa. Preferivelmente, algo que ainda não tenham. Suponhamos que desenvolveu um digno sistema de transação no EUR/USD tendo como base o suporte e resistência, o qual alcança bons resultados com baixos abaixamentos. Contudo, a gestão de ativos já tem dois operadores que transacionam no mercado Forex e talvez inclusive um sistema de corretagem forex automático. Qual seria o valor adicional para esta empresa?

Portanto, tente oferecer algo que surpreenda. Há um nicho de transação no qual só você tem experiência? Pode nem sempre ser o Forex ou futuros. Talvez seja um especialista em ações mongóis. As ações mongóis levam a um critério adicional que é importante e que deve compreender antes de abordar uma gestão de ativos.

Não sei ao certo quantas ações mongóis há e quanto é capitalizada a bolsa de valores mongol. É ótimo, se conseguir transacionar com sucesso estas ações com a sua conta de 500 $ comprando 50 ações de cada vez. Mas você também pode desempenhar a sua estratégia se tiver uma ordem de 50 000 ações no Oulang Bator sem demasiada derrapagem (derrapagem: o operador obtém um preço ligeiramente pior, porque o livro de ordens não é suficientemente líquido)?

Deve conseguir responder a esta questão muito claramente. Portanto, a verdadeira questão é, "O seu negócio é escalável?" Apenas aí, a gestão de ativos estará interessada. Finalmente, eles têm de conseguir vender o produto "transação de ações mongóis" a potenciais clientes.

Como vê, não é assim tão simples. O seu produto deve ser realizável não apenas em grandes números, um potencial cliente também deve compreender o que está a fazer. Se, primeiro, o cliente tiver de aprender mongol… você entendo o que quero dizer.

Aqui, claro, aparece, incidentalmente, novamente a vantagem da Transação Social.

Quando está envolvido na Transação Social você é anónimo e não conhece os seus clientes. Eles também não têm contacto consigo. Não é desejável e habitualmente é melhor você concentrar-se por completo na sua transação.

Mas se você trocar para o lado institucional e oferecer contas geridas, pode ocorrer-lhe que tenha de exeplicar a um cliente que quer investir 250 000 $ onde se encontra a Mongólia no mapa e por que é que é um mercado tão interessante. O facto de isto levar a uma conversa que não seja fácil é, esparançosamente, claro para si.

8. Como se Transformar num Operador Profissional?

A decisão de se transformar num operador profissional pode, talvez, não surgir de um dia para o outro, e está possivelmente a crescer com o crescimento das suas habilidades e confiança. Contudo, não pense que tem de ter habilidades fora do normal ou que deve alcançar inclusivamente retornos fenomenais para "valer a pena". No mundo da gestão de ativos e fundos de cobertura, prevalecem leis totalmente diferentes do mundo dos investidores privados. Portanto, é bom se estiver razoavelmente preparado para o que aguarda aqui.

Há muitas formas de se transformar num operador profissional. Acredite em mim, o acaso e um pouco de sorte desempenham um papel importante aqui. Ainda assim, mesmo esta carreira pode ser planeada ou desempenhada com sucesso como qualquer outra. Uma coisa que deve saber logo desde o início. Se vai transacionar com contas grandes com dinheiro dos clientes, diga adeus à ideia de fazer isto com o escalpamento. O escalpamento funciona bem em contas mais pequenas ou se você se mantiver privado. Então, você pode escolher o seu corretor.

Assim que se dirigir para uma gestão de ativos profissional, você não pode escolher o seu corretor. Portanto, você irá experienciar condições que podem nem sempre ser do seu agrado. Também não ajuda você se queixar se ficar com um spread de dois pontos no EUR/USD, ou se for regularmente confrontado com execuções e derrapagens parciais. Geralmente não pode alterar isto. Portanto, prepare-se para transacionar com uma estratégia que funcione em períodos maiores (gráfico horário, gráfico de quatro horas ou gráfico diário). Uma conta de 1 milhão de dólares não é o mesmo que uma conta de 500 $.

De qualquer das formas, é sempre uma boa ideia construir um forte registo. Isto, claro, tem de acontecer com uma conta real. Tente transacionar de forma disciplinada durante pelo menos um ano. Tente manter uma gestão de risco conservadora. Isto significa que faz tudo o que lhe é possível para assegurar que o seu abaixamento máximo se mantém abaixo dos 10%. Se possível, inclusive menos de 5%. Se conseguir gerar um retorno anual de 12-15% com um abaixamento inferior a 5% é provável que os profissionais dêem um sério olhar ao seu registo de transação. Um diário de transação conciso, com análises estatísticas detalhadas, é essencial. Se, numa entrevista, não conseguir dizer qual é o seu rácio de pagamento, você terá um problema.

O motivo é muito simples. Um gestor de ativos, não faz nada mais que vender produtos financeiros. Um destes produtos financeiros pode ser você um dia, com o seu robusto sistema de transação. Claro, os clientes são gananciosos e querem o maior retorno possível para o seu dinheiro. Contudo, se perguntar calmamente ao cliente quanto risco ele estaria disposto a adotar para alcançar esta taxa elevada de retorno, ele fica um pouco mais subjugado. Claro, ele também não gosta de flutuações excessivas na conta.

É por isso que os gestores de ativos estão interessados em sistemas e operadores que consigam ir de encontro a essas necessidades. É portanto muito mais importante ter uma tranquila curva de capital. Os operadores que produzem um retorno "aborrecido" de 12% por ano sem variações significativas na sua curva de ações têm uma probabilidade muito maior de obter um trabalho que muitos dos fornecedores de elevado volume que fazem 100% por ano. Os operadores que conseguem ser bem-sucedidos durante um longo período de tempo não são, por si só, aqueles com os retornos mais elevados. Os profissionais com êxito trabalham com praticamente nenhuma alavancagem.

A mentalidade de um profissional é assim diferente da de um investidor privado. Os investidores privados querem o maior retorno possível. O profissional olha especialmente para a forma como este retorno é obtido. Se ele foi comprado com riscos elevados, ele provavelmente não estará interessado no seu produto.

Não se esqueça: o profissional tem de vender a sua estratégia! Se a volatilidade da curva de capital é baixa e o operador tem os abaixamentos controlados, então esse produto pode ser facilmente vendido para um cliente rico. Incidentalmente, também pode alavancar sempre esse produto tão conservador. Então, 12% ao ano transforma-se em 24% ou inclusive 36%.

Se tiver o seu registo, certificado pelo seu corretor, não espere obter de imediato uma conta de 1 milhão de dólares. Dependendo do gestor de ativos, pode inclusive ser-lhe pedido que abra primeiro uma conta na casa do corretor e transacione-a durante 3 meses com a sua estratégia. Se feito com sucesso, você pode sentar-se com a direção para uma segunda entrevista. Se tiver tido êxito nessa altura, eles podem oferecer-lhe uma conta de 25 000 $ ou 50 000 $ para transacionar.

Espero que tenha percebido que ainda assim não conseguirá sustentar-se com este capital, dado que deve necessitar de pelo menos dez vezes mais essa quantia para o fazer. Contudo, isso pode aparecer mais rapidamente do que espera, se a gerência estiver satisfeita com o seu desempenho.

Se chegou ao ponto de transacionar uma conta de 300 000 $ de forma disciplinada, então já está muito perto de alcançar o seu sonho. Cada empresa de gestão de ativos tem a sua própria ideia sobre como o novo operador tem de acumular receita. Não se esqueça também da pressão psicológica que provém destas contas. É outra questão se comprar cinco lotes padrão num par de moeda do que se comprar apenas cinco mini-lotes. If you have gotten far enough to trade a $300,000 account in a disciplined way, then you are already very close to achieving your dream. Each asset management firm has its own idea of how a new trader has to be build up. Also, do not forget the psychological pressure that comes to you. Até estes "obstáculo" terá de ser superado por si eventualmente caso queira ser um profissional.

9. Transação para um Fundo de Cobertura

No que diz respeito aos fundos de cobertura, eu serei breve. É possível obter umtrabalho num fundo de cobertura, mas isto é ainda mais difícil. Os livros de maior transação são agora geridos principalmente por máquinas. Os fundos de cobertura ficaram "difíceis" dessa forma. Eles certamente que não darão um emprego a um "ninguém" que não forneceu um desempenho excecional. A entrada mais difícil é para os operadores que se especializaram na transação de moedas. Este processo está agora amplamente automatizado.

Além disso, os reguladores também intervêm nesta jogada. Após os recentes escândalos a envolverem a manipulação das taxas de câmbio, nos quais vários grandes bancos comerciais se viram envolvidos, as autoridades querem ver a transação "discricionária" restrita. Mesmo se conseguir alcançar um desempenho de topo no forex e conseguir demonstrar um registo fantástico, provavelmente ser-lhe-á difícil alcançar um trabalho aqui. Não é impossível, mas as probabilidades não são nada favoráveis.

Adicione a isso o facto de você dificilmente obter um trabalho sem uma graduação universitária. Os fundos de cobertura preferem dar emprego a graduadors com uma licenciatura ou mestrado. Além disso, mais e mais operadores competem com um doutoramente em estatísticas ou matemáticas como matemáticas financiras na indústria, tornando-se este fator cada vez mais importante. Você consegue competir com estas pessoas?

10. Aprenda a Trabalhar em Rede

Por agora já é óbvio que não é suficiente, como frequentemente na vida, ter dominado o seu ofício. Frequentemente trata-se de quem conhece, se quiser ter pelo menos a possibilidade de ser chamado para uma entrevista. Posso dizê-lo a partir da minha experiência pessoal que, nesta indústria, a maioria das portas abriram-se para mim porque conhecia esta ou aquela pessoa. Ou tive uma conversa com elas em determinadas exposições financeiras, ou sentei-me com um pequeno grupo após uma palestra e fiquei a conhecer determinada pessoa desta forma.

Se tem de contar algo interessante a um operador ou profissional financeiro, encontrará sempre uma porta aberta. Isso por si só certamente não resulta num trabalho, mas um ou outro contacto interessante podem ajudá-lo a chegar lá. Embora toda a indústria de transação seja cada vez mais técnica e computorizada, ainda assim ela é desempenhada por pessoas. As pessoas querem atenção, eles querem ser compreendidas e valorizadas pelos outros. Não se esqueça disso.

Online, claro, também pode começar a estabelecer redes, embora segundo a minha experiência isto seja muito menos eficaz que contactar alguém diretamente. Ainda assim, a vinculação online complementa os contactos e assegura que as pessoas que possam um dia estar interessadas em si possam mantê-lo debaixo de olho. Também não é má ideia publicar um contributo interessante de conteúdo online de vez em quando. Isto pode ser uma análise interessante de uma ação ou par de moeda. Também pode ser um ponto de vista original da atual política monetária de um banco central. Não é necessário, mas ajuda a aumentar a sua credibilidade na indústria.

A partir de agora, você não deve mais ir ao Facebook quando se quiser "expressar". Se quiser entrar no setor financeiro, você necessita de um perfil numa rede de negócios como o LinkedIn. Esta rede é a maior e irá habitualmente encontrar lá todas as pessoas que quer conhecer nas exposições ou apresentações sobre transações.

Até o seu corretor se encontra representado aqui, assim como muitos gestores de fundos de cobertura e gestores de ativos. Portanto, saia e mantenha-se em contacto com esses indivíduos.

Certamente que não errado ligar inclusivamente para algumas destas pessoas, mesmo que não esteja à procura de um trabalho. Quantas mais referências qualificadas tiver, melhor. Nunca se sabe de que canto do mundo a sua próxima carreira poderá aparecer.

11. Transforme-se num Operador Profissional em 7 Passos

1. Aprenda a transacionar e comece corretamente de início com bons hábitos de transação. Visite seminários ou workshops. Leia bons livros sobre transação. Ganhe experiência.

2. Defina uma estratégia que se adequa a si. Pode ser algo simples, desde que não seja o escalpamento.

3. Escolha um corretor que esteja disposto a autenticar o seu registo de tranação. Se o seu corretor atual recusar isto ou lhe der apenas uma resposta vaga, continue à procura de outro corretor.

4. Transacione durante 1 ano com a sua estratégia sem a alterar. Tenha uma gestão de risco conservadora. Tente manter o abaixamento máximo abaixo dos 10%. Pode transacionar durante o dia, mas o trabalho com paragens está mais distante. Transacione de uma forma que lhe

permita desempenhar esta estratégia facilmente, inclusive com 10 milhões de dólares.

5. Comece a vincular-se em redes de imediato. Estabeleça contactos na indústria. Vá a feiras de transação. Fala com os gestores de fundos e de ativos. Pergunte quais são as condições para novos operadores que queiram transacionar para a sua casa.

6. Aborde uma variedade de empresas de gestão de ativos com o objetivo de transacionar fundos dos clientes. Comece por baixo e vá abrindo o seu caminho até chegar ao topo.

7. Mantenha-se em contacto com outros gestores de ativos ou fundos. Mesmo se tiver um emprego agora, você não sabe se ainda o vai ter no ano seguinte. Continue a avançar.

12. 500 $ É Muito Dinheiro

Mesmo que não consiga sequer talvez imaginar isto hoje, você pode transformar-se num operador com uma conta de 500 $. Há imenso dinheiro disponível em todo o mundo, à espera de ser investido de forma útil, ou de florescer. Há mais dinheiro disponível que oportunidades de investimento. Não se limite. Não é porque este dinheiro não está atualmente disponível no seu banco. Isto pode ser alterado. Contudo, não cometa o erro de querer transformar estes 500 $ em 5 milhões de dólares. Progrida, sistematicamente. Aprenda primeiro a ser um bom operador. O dinheiro irá fluir eventualmente. Isto não funciona de outra forma.

Acima de tudo, deve primeiro aprender a apreciar o que tem. Se tem 500 $ para transacionar, então trate esses 500 $ como se fossem 500 000 $. Demasiados operadores iniciantes fazem exatamente o oposto. Eles desperdiçam o pouco que têm. Esse pequeno capital não é pequeno. É exatamente a quantia que merece neste momento. Se tratar esta soma de forma responsável, então o universo fornecer-lhe-á em breve com somas maiores. Deixe-o com o universo, com a forma como ele se processa. Você sabe, é infinito, e não há limites.

Desejo-lhe todo o êxito do mundo!

Heikin Ashi Trader

Pode contactar-me aqui: pdevaere@yahoo.de

Caro leitor,

Se gostou deste e-book, então ficaria grato se pudesse escrever uma agradável revisão do cliente na Amazon. Isto ajuda imenso o livro! Se tiver alguma crítica, também a pode expressar, claro. Eu levo a sério todas as críticas sensatas e tento dessa forma melhorar os meus livros. Ninguém é perfeito e podemos sempre aprender coisas novas. Agradeço o facto de ter comprado este livro e desejo-lhe todo o sucesso com as suas transações no mercado das ações.

Glossário

Empatado: O ponto no qual os ganhos são iguais às perdas.

Corretor: Uma empresa que cobra uma taxa ou comissão para executar ordens de compra ou venda submetidas por um investidor.

Juro Composto: O juro composto pode ser visto como o "juro sobre o juro", e fará com que um depósito ou empréstimo cresça a uma taxa mais rápida que o juro simples, o qual é o juro calculado apenas na quantia principal.

Transação Diurna: Uma estratégia segundo a qual o operador fecha todas as transações antes do fecho de mercado e não mantém as posições abertas de um dia para o outro.

Conta Demo: Uma Conta Demo é tipicamente "subsidiada" com dinheiro simulado, a qual permite ao investidor conduzir transações fictícias para se familiarizar com a forma como a plataforma funciona.

Abaixamento: A perda máxima em valor até realcançar o valor original.

Expetativa: A quantia de um sistema de transação destinada a ganho, ou perda, por dólar de risco.

Forex: O mercado no qual as moedas são transacionadas.

Par Forex: Duas moedas com taxas de câmbio que são transacionadas no mercado forex.

Alavancagem: O uso de vários instrumentos financeiros ou capital emprestado para aumentar o potencial retorno de um investimento.

Lote: A quantidade padronizada de um instrumento financeiro é definida por um câmbio ou corpo regulador similar.

Contas geridas: Um produto de gestão de investimento baseado em tacas para indívíduos de elevado valor líquido.

Mini-Lote: Um lote de moeda que tem 1/10 do tamanho do lote padrão de 100 000 unidades.

Rácio de Pagamento: Transação ganhadora média em dólares dividida pela perda média da quantia da transação em dólares.

Ponto: A mais pequena mudança de preço que uma determinada taxa de câmbio pode ter.

Gestão de Risco: Um processo de dois passos que determina quais os riscos que existem num investimento e depois o manusear desses riscos de forma que se adequem melhor aos objetivos de investimento do investidor.

Escalpamento: Uma estratégia de transação que tenta fazer muitos lucros com pequenas alterações de preço.

Transação Social: O processo através do qual os investidores financeiros online dependem do conteúdo financeiro gerado pelo utilizado.

Transação Baloiço: Um estilo de transação que tenta capturar ganhos numa ação ou mercado dentro de um a quatro dias.

Optar por comprar: A compra de um título, tal como uma ação, mercadoria ou moeda, com a expetativa de que esse ativo aumente o seu valor.

Optar por vender: A venda de um título, mercadoria ou moeda emprestado com a expetativa de que o esse ativo desvalorize no seu valor.

Registo: O desempenho passado de um operador visto na sua integridade.

Paragem Móvel: Uma ordem de paragem que pode ser definida a uma percentagem fixa, longe do preço de mercado do título atual.

Volatilidade: A quantidade de incerteza ou risco sobre o tamanho das alterações no valor de um título.

Mais livros no Amazon por Heikin Ashi Trader

O Escalpamento é Divertido!

Parte 1: Transações Rápidas com o gráfico Heikin Ashi

O escalpamento é a forma mais rápida de fazer dinheiro no mercado das ações. Não há outros métodos que consigam aumentar o capital de um operador de forma mais eficiente. Para explicar como isto é, o Operador sedeado na Alemanha Heikin Ashi conta-nos tudo no seu e-book, o primeiro de uma série de quatro sobre o escalpamento.

O seu método é muito fácil de compreender e pode ser aplicado de imediato, porque é universal e funciona em todos os mercados. Para escalpar, o Operador Heikin Ashi utiliza os gráficos heikin ashi, que são um tipo de antigo gráfico japonês que vividamente descreve o curso dos preços do mercado de ações. Os gráficos Heikin Ashi têm a capacidade de visualizar tendências de forma mais nítida que os habituais gráficos castiçal. Além do mais, eles também mostram padrões de consolidação e inversão mais antecipadamente que qualquer outra representação gráfica.

Esta estratégia de escalpamento muitíssimo eficaz pode ser aplicada num período de tempo muito curto, tal como no gráfico de 1 minuto bem como em maiores períodos de tempo. Pode transacionar com este método universal em índices de equidades e em mercados de divisas, mas os instrumentos mais comuns são os futuros ou pares forex.

Conteúdo

1. Bem-vindo ao escalpamento. É divertido!
2. Como é que os mercados funcionam?
3. O que é a transação?
4. O que é o escalpamento?
5. O gráfico Heikin Ashi
6. A configuração do escalpamento
7. Gestão de Risco e Dinheiro
8. Tome uma decisão!

O Escalpamento é Divertido!

Parte 2: Exemplos práticos

O escalpamento é a forma mais rápida de fazer dinheiro no mercado bolsista. Dificilmente há outro método que possa ser encontrado que aumente o capital do operador de forma mais eficaz. Eu expliquei por que é que isto é assim nesta série de quatro partes sobre o escalpamento.

Neste segundo livro irei aprofundar a minha configuração com muitos exemplos práticos. Irá aprender a interpretar corretamente os gráficos

Heikin-Ashi, quando entrar no mercado e quando sair. Também irá aprender como combinar a configuração com princípios importantes da análise técnica.

Esta estratégia de escalpamento altamente eficaz pode ser aplicada num curto período de tempo; por exemplo, num gráfico 1 minuto, para além de outros períodos de tempos maiores. Pode transacionar usando este método universal nos índices de equidades e nos mercados de divisa. Contudo, os instrumentos típicos são os futuros e as divisas.

Conteúdo

1. Escalpamento com Análise Técnica
2. Como é que Interpreto os Gráficos Heikin Ashi?
3. Quando é que Entro?
4. Quando é que Saio?
5. Trabalhando com Objetivos de Preço
6. Escalpamento Heikin Ashi na Prática
7. A Análise Técnica Ajuda Enquanto Estou a Desempenhar o Escalpamento Heikin Ashi?
A. Suporte e Resistência
B. Balanço Alto e Balanço Baixo dos Últimos Dias
C. A Importância do Número Redondo em Forex

8. Como é que Reconheço os Dias de Tendência?
9. Como é que Escalpo os Dias de Tendência?
10. Conclusão

Sobre o Autor

O Heikin Ashi Trader é o pseudónimo de um operador com mais de 15 anos de experiência na transação de futuros e divisas. Ele especializa-se no escalpamento e na rápida transação. Para além disto, ele tem publicado múltiplos livros que explicam as suas atividades de transação. Tópicos populares sobre: escalpamento, transação de balanço e gestão de risco e dinheiro.

Impressão

Textos: © Copyright por Heikin Ashi Trader
12 Carrer Italia, 5B
03003 – Alicante
Spain

Todos os direitos reservados.

www.ingramcontent.com/pod-product-compliance
Lightning Source LLC
Chambersburg PA
CBHW070103210526
45170CB00012B/730